EXPLICATIONS

SUR LES FAITS

QUI ONT AMENÉ

M. LE VICOMTE DEJEAN

A DONNER SA DÉMISSION

DES FONCTIONS

DE PRÉFET DU PUY-DE-DOME.

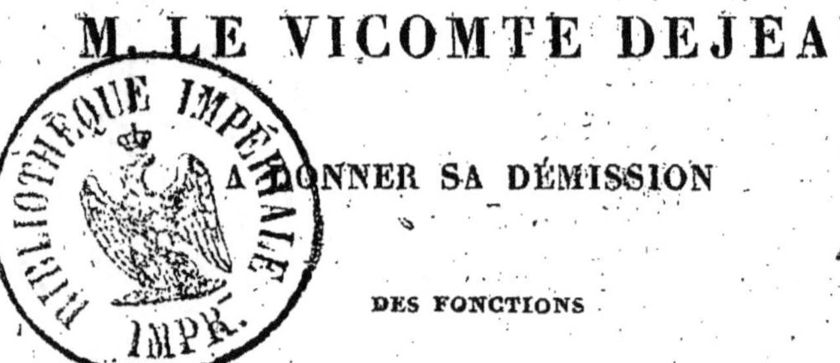

PARIS.

E. DUVERGER, IMPRIMEUR,

4, RUE DE VERNEUIL.

1836

EXPLICATIONS

SUR LES FAITS

QUI ONT AMENÉ M. LE VICOMTE DEJEAN A DONNER SA DÉMISSION DES FONCTIONS DE PRÉFET DU PUY-DE-DÔME.

Dans un pays réglé comme le nôtre, les hommes qui résignent des fonctions publiques ne sont pas seulement tenus de rendre compte des motifs de leur retraite au pouvoir qui les en avait investis, ils doivent également ce compte, dans presque tous les cas, à ceux dont les intérêts leur étaient confiés, à ceux avec lesquels ils ont administré les affaires.

Cette règle de convenance, si elle n'était pas suffisamment établie et généralement observée, me serait particulièrement imposée à moi, après la démission que je viens d'être forcé de donner des fonctions de préfet du Puy-de-Dôme. Pendant quatre années d'administration, j'avais constamment cherché à prouver mon zèle pour les intérêts du département, dont la confiance du roi m'avait chargé à une époque difficile (31 juillet 1832), et ma vive sympathie pour tous ceux qui, dans les

fonctions municipales ou autres, se sont associés à
mes efforts, pour tous les membres du conseil général et des conseils d'arrondissement qui m'ont
encouragé dans les améliorations que j'ai réalisées
ou préparées. Abandonner tout à coup aujourd'hui
des affaires auxquelles j'apportais tous mes soins,
rompre brusquement des relations devenues si
douces et si faciles, choisir pour cet abandon et
cette rupture précisément l'époque où se prépa-
raient les importants travaux de la session du conseil général, ce devrait paraître à tous, si je n'expo-
sais les sérieux et légitimes motifs de ma détermination, une façon d'agir bien peu en harmonie avec
tous mes précédents. Je ne puis d'ailleurs laisser
suspecter les intentions qui ont dirigé ma conduite,
présenter sous un faux jour les faits qui ont rendu
nécessaire cette pénible séparation ; et déjà j'ai à
regretter de n'avoir pas devancé les interprétations
malveillantes répandues, d'un côté par des journaux
qui aimeraient à me représenter comme ayant cédé
à *un dégoût*, à *une boutade de caractère*, et de l'autre par ceux-là même dont les procédés m'ont à
bon droit blessé et qui veulent prévenir mes plaintes par les leurs. Il y a plus : ce n'est pas unique-
ment le soin de ma dignité personnelle qui doit me
préoccuper, je n'ai pas seulement ici à la préserver
de toute atteinte, il me faut encore bien déterminer la ligne de mes opinions politiques, que l'on a

méconnues à dessein, que l'on continuerait à prendre plaisir à fausser si, en rétablissant d'une manière précise tous les faits que l'on a intérêt à dé-
naturer, je ne combattais victorieusement toute
prévention fâcheuse. N'a-t-on pas avancé que je
me retirais *par réminiscence de mes opinions ultra-
libérales !*

Une autre considération puissante est venue encore me dicter ces explications, cet exposé des dis-
sentiments qui ont amené ma retraite. Les hommes
honorables qui suivent encore la carrière que j'ai
six ans parcourue doivent tirer quelque enseigne-
ment de tout ce détail dans lequel je suis obligé
d'entrer. Il me sera consolant de penser que je
vais leur épargner quelques mécomptes et quelques
déceptions en leur faisant connaître le prix qu'ils
peuvent attendre du dévouement le plus soutenu,
la récompense que les ministres du roi (1) ménä-
gent à leurs services.

(1) Toutes les fois que dans cet exposé se reproduiront
ces mots : les ministres du roi, je n'entendrai désigner que
MM. les ministres des affaires étrangères, de l'intérieur et
des finances ; j'ai lieu de crore que les autres membres du
conseil sont demeurés étrangers à tous les faits que je re-
late ; aucune de mes plaintes ne s'adresse à eux.

Le long débat dont l'issue a été ma démission, débat qui s'est malgré moi prolongé, date du commencement de l'année. On a beaucoup cherché à accréditer, à ce sujet, cette version. « Le fonds de ce débat est une querelle de salon entre le préfet du Puy-de-Dôme et le receveur général. Le préfet exige le déplacement du receveur général, bien qu'il soit le frère du baron de Barante, ambassadeur du roi à Saint-Pétersbourg, parce qu'il a reçu dans ses salons des hommes qui, par hostilité politique, ne se présentaient point dans ceux de la préfecture. » Je m'élève avec force contre cette version complétement inexacte, et comme il me répugne d'entrer dans des explications trop détaillées sur pareil sujet, il me suffira de dire que j'avais plusieurs fois rencontré dans les soirées de M. le receveur général des personnes de l'opinion légitimiste la plus prononcée sans m'en plaindre, sans en témoigner chagrin ni humeur; que je me suis plaint, que j'ai déclaré vouloir m'abstenir de tout rapport privé avec le receveur général, seulement alors que j'ai rencontré dans ses salons l'une des personnes notoirement connues pour appartenir à la direction de la *Gazette d'Auvergne*, journal qui s'est distingué parmi les plus acharnés à l'attaque du gouvernement, de la personne du roi et des membres de la famille royale. J'avais pensé que ces personnes ne devaient pas être recherchées par un fonctionnaire public important, et admises dans ses salons lorsqu'il les ouvrait; j'avais déclaré à l'avance que le préfet ne croyait pas pouvoir se rencontrer chez lui avec elles et que leur admission serait son exclusion. Malgré cette préférence donnée sur moi à l'un des hommes notoirement connus pour diriger la *Gazette d'Auvergne*, je n'avais formulé aucune plainte administrative, je n'avais témoigné qu'un ressentiment personnel, auquel j'avais même consenti à renoncer quand M. le receveur général était venu, en présence de personnes considérables (1), me déclarer qu'il reconnaissait avoir eu complétement tort et qu'il aurait à l'avenir une conduite plus prudente.

Ma plainte n'a pris un caractère administratif, je n'ai demandé le déplacement du receveur général que plus tard, lorsque dans son numéro du 3o janvier (2) *la Gazette d'Auvergne*, enhardie par de nouvelles imprudences de ce fonctionnaire, intervint dans ce débat, prit fait et cause pour le receveur général, m'attaquant violemment à son profit; lorsque M. le receveur général, engagé par moi à ne pas se laisser ainsi placer en hostilité avec le chef de l'administration, à réfuter un récit dont il savait mieux que personne toute l'inexactitude,

(1) M. Cariol, député, et M. Dubois de Jancigny, directeur des contributions indirectes.

(2) Voir aux pièces n° 1.

se refusa obstinément à adopter l'un des partis qui lui étaient proposés pour décliner la responsabilité de cette attaque, pour en prévenir le retour et s'interposer entre les fâcheuses conséquences des torts qu'il était venu m'avouer et des imprudences qu'il avait déclaré regretter. Il s'y refusa malgré mon avertissement réitéré que la conséquence de ce refus serait la demande de son déplacement, demande étayée de l'offre de ma démission.

Certes, cet article de la *Gazette d'Auvergne* avait peu excité ma susceptibilité. Pendant six ans j'avais donné assez de preuves de stoïcisme à cet égard, et la vivacité des attaques que j'avais eu à subir à la fois à Clermont et de la part du *Patriote* et de la part de la *Gazette*, avait dû me blaser. Mais ce à quoi je n'avais pas été habitué, c'était à subir ces attaques au profit et par suite des torts d'un fonctionnaire public. Plus ce fonctionnaire était important, plus belle et plus lucrative était la position qu'il tenait de la récente faveur du gouvernement, moins je pensais devoir laisser établir un pareil précédent, moins je consentais à supporter un refus absolu de se séparer des adversaires déclarés de l'administration, des ennemis acharnés du gouvernement. De ce refus, de cette position d'hostilité acceptée, date ma demande du déplacement de ce fonctionnaire. Elle fut soumise par moi au ministre de l'intérieur, au ministre des finances, et au président du conseil du cabinet du 22 février, qui se constituait au moment même où j'arrivais à Paris pour réclamer ce déplacement.

La demande que je venais soumettre aux ministres ne se motivait pas seulement sur cette nécessité reconnue de tout temps de la déférence de tous les fonctionnaires de chaque département pour le chef de l'administration représentant spécial du pouvoir politique, sur le danger de laisser ce fonctionnaire dans un isolement complet, soutenant seul la lutte des partis sans appui des hommes profitant de toutes les faveurs lucratives du gouvernement ; elle se motivait également sur toutes les circonstances de l'époque et de la localité.

Quelle était, au moment où cet article était publié, où cette retractation était exigée, où ce refus entraînait cette demande de déplacement, la position du gouvernement, et par conséquent celle de tous les fonctionnaires qui dans les départements ne se faisaient pas une cause à part de celle de l'administration supérieure ? Les difficultés de cette époque, parce qu'on veut bien les considérer comme aplanies et ne plus en témoigner d'inquiétude, ne sont pas toutefois assez loin de nous pour que tout souvenir en doive être effacé. Eh bien ! quelles accusations retentissaient alors contre le gouvernement ? quelles plaintes avaient une faveur toute spéciale, proférées et répandues qu'elles étaient par des hommes dissidents du ministère, mais dont le dévouement au gouvernement n'a jamais été mis en doute? Ne se rappelle-t-on pas que, selon certains journaux importants, selon certains membres influents de la chambre dont les opinions sont aujourd'hui représentées dans le cabinet, l'ancien ministère aurait péché par des menagements excessifs pour l'opposition de droite? Ne lui cotait-on pas grief de ce que, dans la distribution des faveurs, il aurait montré une préoccupation trop exclusive, un désir inopportun de rattacher les hommes signalés par leur affection pour l'ancien ordre de choses? Ne faisait-on pas remarquer que ces partisans de la dynastie déchue, une fois nantis des bonnes positions qu'ils obtenaient par un simulacre d'adhésion au gouvernement nouveau, reprenaient leur même attitude, avaient même soin de chercher à se faire pardonner, par des démonstrations non équivoques, l'acceptation des fonctions publiques du gouvernement de juillet? Ne couronnait-on pas toutes ces plaintes par une comparaison habituelle entre une excessive indulgence acquise à l'avance à ces démonstrations et la rigueur inexorable qui venait châtier les écarts des hommes de juillet dont les opinions ralliées à l'opposition de gauche choquaient les tendances rétrogrades des doctrinaires?

Ces plaintes, ces griefs trouvaient assez d'échos,

Ils venaient dans chaque localité s'appliquer aux principaux fonctionnaires que l'on savait dévoués au gouvernement et particulièrement attachés au ministère. Moi-même, bien que mes antécédents dussent me mettre à l'abri de toute défiance, de tout soupçon, puisque, fils d'un proscrit de 1815, je n'étais entré à la vie publique que par la signature donnée à la protestation rédigée contre les ordonnances de Charles X ; bien qu'il ne pût venir à la pensée de personne de m'accuser, comme on en accusait le receveur général, d'avoir publiquement déclaré qu'après avoir servi trois gouvernements on ne devait pas se faire scrupule d'en servir un quatrième, fût-ce celui d'Henri V; moi-même aussi je n'avais pas été à l'abri de l'accusatiou de faveur pour les hommes de la droite; on me reprochait aussi des avances inopportunes pour les rattacher au gouvernement, des ménagements excessifs envers plusieurs fonctionnaires qui avaient conservé leur affection pour la dynastie déchue. Il est certain, je ne m'en défends pas, que, pendant les quatre années de mon administration dans le Puy-de-Dôme, je me suis constamment gardé d'inquiéter cette classe de fonctionnaires laborieux, percepteurs, contrôleurs, vérificateurs, employés subalternes de toutes les branches de l'administration des finances ; jamais je n'ai exigé qu'ils me prêtassent appui politique, je n'ai établi aucune inquisition sur leurs opinions et ne les ai provoqués à aucune manifestation étrangère à leurs fonctions. Je ne me repends pas de ce système d'indulgence ; le ménagement pour toutes ces positions subalternes obtenues après de longs services par des hommes laborieux, dont elles sont l'unique récompense et souvent l'unique ressource, est équitable et même politique ; ce ménagement s'allie merveilleusement avec une juste sévérité et une louable exigence envers des hommes qui obtiennent du premier saut le poste de receveur général, et au bout d'un an sont promus à une recette de 55,000 fr. de produit, qu'ils prétendent exploiter comme une propriété héréditaire sans se soucier du gouvernement qui les a dotés, sans se croire astreints à aucune gratitude, à aucun égard envers lui.

J'avoue également que je trouvais peu convenable, peu habile, de repousser des hommes honorables parce qu'avant 1830 ils n'avaient pas eu les mêmes opinions que nous, lorsqu'actuellement ils témoignaient leur confiance dans le gouvernement nouveau et leur satisfaction de son affermissement et de ses succès. La divergence d'opinions sous la Restauration était naturellement devenue, immédiatement après la révolution de juillet, une cause de suspicion, et devait établir une barrière que la force des choses a fait successivement abaisser devant tous les hommes sensés, que la rancune et la passion n'ont point égarés. Au-delà de cette barrière doit demeurer le légitimisme incorrigible , qui perd tout droit au respect que commandent des opinions consciencieuses et des affections sincères, lorsqu'il abuse de la sécurité que lui a faite le gouvernement pour l'assaillir et le troubler dans l'accomplissement de la tâche glorieuse entreprise par lui. C'est contre ses écarts, contre les signataires de toutes les protestations et les souscriptions séditieuses que doit se réserver la réprobation du gouvernement ; c'est contre les fonctionnaires qui s'allient à eux, par un calcul insensé ou par une folle vanité, que doit s'exercer sa sévérité. Et si l'homme frappé pour de tels motifs appartient à gens haut placés, il faudra s'en applaudir ; l'exemple profitera mieux, il sera un avertissement plus salutaire que la révocation d'un millier de percepteurs.

Telles étaient les considérations dont j'étayais ma demande de déplacement du receveur général. Je dois reconnaître que dès l'abord il n'y eut pas d'hésitation ; on avoua que la faute était grande, que le châtiment serait bien mérité, que si je l'exigeais on le ferait subir. Les ministres m'engagèrent seulement à réfléchir s'il n'y avait pas moyen d'accommodement. Estimant que s'il est bien séant de se montrer facile sur son intérêt propre, il l'est peu de transiger sur ce que dicte l'intérêt de la politique

et de l'administration, je ne modifiai pas ma demande, et la recette générale de l'Aube étant venue
à vaquer, j'insistai plus fortement pour qu'on pro-
fitât de cette circonstance favorable. Les objections
des ministres roulèrent dans ce cercle.

1° Le receveur général ne pouvait être, à bon
droit, taxé de sympathie pour la dynastie déchue;
il avait dès l'origine donné des gages au nouveau
régime. Ses amis, ses parents le représentaient
comme ayant été vu, le 29 juillet 1830, chez
M. Laffitte, à l'Hôtel-de-Ville, même aux combats
des barricades.

2° C'était user de trop de rigueur vis-à-vis un
homme qui reconnaissait avoir commis une imprudence, qui demandait à être admis à la réparer et
offrait de se prêter à toutes les satisfactions, à tous
les amendements que l'on pourrait exiger.

3° Les autres receveurs généraux s'inquiéte-
raient de ce déplacement; plusieurs d'entre eux,
conservés en 1830 malgré leur peu de sympathie
pour la révolution de juillet, pourraient se croire
menacés par cette apparence d'adoption d'un système moins indulgent envers les hauts fonctionnaires du ministère des finances.

4° Le sacrifice des intérêts personnels était
exorbitant; cette recette de Troyes était d'un trop
chétif produit; elle n'eût plus valu à M. de Barante
que 36,000 fr.

Il m'était facile de répondre : 1° que ces démonstrations de juillet 1830 se révélaient pour la
première fois, qu'elles avaient été ensevelies dans
le plus profond oubli, personne ne devant les
soupçonner de la part d'un employé supérieur de
la liste civile de Charles X ; 2° que ces offres de
satisfaction, ces déclarations de regret, j'en con-
naissais la valeur par une expérience récente ; 3° que
l'inquiétude des receveurs généraux conservés en
1830 ne saurait avoir pour motif, même pour prétexte, le déplacement d'un collègue nommé en
1834 ; leur importance financière, qui avait tant
contribué à leur sécurité en 1830, devait leur faire
comprendre qu'il n'y avait aucune analogie entre
leur position et celle de M. de Barante ; 4° enfin je
répondais que, quant à la rigueur excessive d'une
mesure qui laissait au fonctionnaire déplacé
36,000 fr. par an, elle ne pouvait exciter une vive
et générale sympathie, chacun devant naturellement se demander s'il y avait aujourd'hui beaucoup
de places de 36,000 fr. à offrir en récompense
des plus signalés dévouements et des plus importants services rendus au pays.

Le dernier argument pour obtenir ma renon-
ciation était celui-ci : « Vous ne voudrez pas, m'a
souvent répété monsieur le président du conseil,
nous mettre dans l'obligation de nous prononcer
entre deux familles comme la vôtre et celle de

M. de Barante. » Argument sentant par trop l'ancien régime, auquel je ne pouvais m'empêcher de constamment répondre : « Il se peut que la famille de M. de Barante lui prête son appui ; mais vous vous trompez fort si vous attendez les démarches de la mienne. Mon père rougirait de venir invoquer ses services militaires et le constant appui qu'à la chambre des Pairs il a prêté pendant douze ans à la cause de la liberté constitutionnelle, pour venir chercher à influencer votre décision dans une question dominée, non par l'intérêt des personnes ou des familles, mais par celui de l'administration et de la politique. »

Ces débats m'étaient pénibles, le rôle que je jouais peu selon mon goût dans une lutte déjà entreprise avec amertume, qui m'obligeait à sacrifier d'anciennes relations de bienveillance et d'amitié qui m'avaient été précieuses. Il ne m'échappait pas d'ailleurs que le déplacement du receveur général, obtenu par mon insistance, arraché en quelque sorte aux ministres, n'avait plus ce salutaire effet et ce résultat utile que mon devoir m'obligeait à poursuivre ; aussi je ne terminais pas une seule des conférences tenues à ce sujet sans déclarer que, puisque je ne me trouvais plus d'accord avec les ministres sur un point aussi capital que la limite des devoirs des divers fonctionnaires du département et sur la ligne de dépendance, même de réservé, à laquelle ils étaient astreints, le parti le plus convenable me paraissait être de me retirer; que j'offrais de le faire sans plainte, sans récrimination, sans que ma déférence pour les ministres en demeurât le moins du monde altérée.

Ce sacrifice de ma position, je ne le faisais pas sans douleur; il m'en coûtait beaucoup de penser que je deviendrais étranger à des intérêts auxquels je m'étais quatre ans dévoué avec ardeur; mais du moins je pouvais le faire avec honneur, puisqu'il restait bien peu de traces des sérieuses et vivaces difficultés pour l'apaisement desquelles on avait bien voulu m'avertir en 1832 que l'on me chargeait de la préfecture du Puy-de-Dôme. Elles avaient toutes cédé devant les efforts des hommes habiles et courageux dont j'avais été assez heureux pour m'assurer le concours.

A ces offres de démission il fut toujours répondu : Votre retraite est la dernière chose à laquelle nous consentirions; il faut un arrangement, nous trouverons des médiateurs. En effet, je ne saurais énumérer la quantité de personnes qui furent chargées de s'interposer et de m'*adoucir :* c'était leur expression. Les plus sensées n'insistaient pas, s'apercevant bien vite que, dans ce qui leur avait été présenté comme une querelle personnelle, se trouvaient engagées et compromises la force de l'autorité, la dignité de l'administration, et que la question était assez grave pour que les ministres prissent la peine de la résoudre eux-mêmes ; elle le devenait même chaque jour bien davantage par ces tergiversations et cette indécision si maladroitement prolongées.

Enfin, après bien du temps, dans les premiers jours d'avril, une résolution fut prise. Elle me fut annoncée par M. Molin, député du Puy-de-Dôme, qui m'apprit, comme le tenant du ministre de l'intérieur, que le conseil avait décidé que M. de Barante ne serait pas déplacé. J'engageai ce député à prier le ministre de pourvoir à mon remplacement, décidé que j'étais à maintenir l'offre de ma démission depuis longtemps faite dans cette éventualité. Le ministre se préoccupa, à ce qu'il paraît, assez vivement de cette annonce de M. Molin, puisque immédiatement il pria M. le vicomte d'Haubersart, député, d'employer ses bons offices pour me faire modifier ma détermination, lui expliquant toute la portée et tout le détail de la décision du conseil, l'engageant à me préparer à un rendez-vous qu'il m'indiquait pour le lendemain et à me disposer à accepter l'arrangement réglé par le conseil (1).

Les conditions de cet arrangement me furent effectivement exposées par le ministre qui chercha

______

(1) Voir aux pièces, n° 6, lettre de M. le vicomte d'Haubersart.

à me faire valoir tout ce qu'elles avaient de satis-
faisant pour *mon amour-propre*. D'après la décision
du conseil, le receveur général devait m'écrire une
lettre dictée par moi ; il devait être six mois absent
du département, et même, après six mois, il ne devait être autorisé à y revenir qu'alors que je n'y
verrais pas d'inconvénients. Le ministre de l'intérieur
était chargé de l'exécution de ces conditions et
devait me remettre une lettre pour me témoigner
sa satisfaction de mon attitude en cette occasion.

Je ne pus dissimuler au ministre tout mon étonnement d'une pareille décision et d'un pareil arrangement. Mon *amour-propre* n'était nullement en
jeu et n'avait nul besoin de satisfaction ; je ne solli-
citais pas l'humiliation d'un fonctionnaire, mais son
déplacement ; j'exigeais une réparation au nom de
l'intérêt politique froissé et de la dignité de l'administration méconnue, et l'on faisait supporter le
châtiment à qui ? au service public qui ne pouvait
rien gagner à cet éloignement d'un fonctionnaire,
tandis que lui certes n'était pas puni, devant être
considéré pendant cet éloignement, comme en
congé, sans retenue d'appointements. La bizarrerie
de cet arrangement, la difficulté de sa mise à exécution, les nombreuses portes ouvertes à une foule
de prétextes pour y déroger, tout devait, selon
moi, y faire renoncer et empêcher d'entrer dans
un système de transactions plein d'inconvénients.

2

Je représentai vivement au ministre combien ma retraite était préférable.

Et cependant, malgré ma sincère conviction du danger de toutes ces conditions non inventées, non proposées par moi, j'eus le malheur de céder aux exhortations du ministre qui se montra vif et pressant pour obtenir mon adhésion et eut soin d'invoquer le souvenir de nos anciennes relations, auquel je ne m'étais pas permis de faire appel dans tout le cours de ces discussions. Cette adhésion arrachée par les exhortations du ministre et par celles dont il avait eu le soin de me faire préalablement entourer, je ne la donnai qu'en me réservant bien expressément le droit de dire que cet arrangement n'était ni de mon invention ni de mon goût, que je ne l'approuvais point; je ne la donnai qu'en déclarant que je tiendrais toutefois la main à sa stricte exécution, et que si, avant six mois, le receveur général retournait à Clermont, j'abandonnerais immédiatement mes fonctions. Je fis remarquer au ministre que mon consentement ne lui était acquis que parce qu'il se déclarait garant de l'exécution, que cependant j'avais besoin de recevoir les mêmes assurances du ministre des finances et du président du conseil. M. de Montalivet daigna me remercier et de mon adhésion et de ma confiance toute particulière dans sa vigilance à faire maintenir ce qu'il était chargé de me proposer. Le soir même les deux autres ministres, que je trouvai réunis à l'hôtel des affaires étrangères, me répétèrent les mêmes conditions, me donnèrent les mêmes assurances et voulurent bien également me témoigner leur satisfaction de mon adhésion.

Cet arrangement et toutes ces conditions, les ministres eux-mêmes les proclamèrent pour satisfaire l'intérêt ou la curiosité de tous ceux que l'on avait fait intervenir dans ce débat. Cette publicité achevait d'en rendre nécessaire le strict accomplissement; je ne pouvais passer pour avoir accepté un leurre et m'être contenté d'un semblant d'exécution pendant quelques semaines. Pour obtenir cette exécution franche et sérieuse, je n'avais pas à m'adresser à M. de Barante avec lequel je n'avais rien stipulé, avec lequel tout débat cessait dès ce jour; j'avais seulement demandé aux ministres s'il avait connaissance de l'arrangement inventé par eux; ils me répondirent qu'il consentait à tout, qu'il leur avait exprimé toute sa satisfaction d'avoir évité à ce prix les inconvénients d'un déplacement. C'était aux ministres à lui faire respecter ce qu'ils avaient réglé dans son intérêt, c'était à eux seuls, et spécialement à M. le ministre de l'intérieur, que je devais m'adresser pour l'accomplissement de ce qu'eux-mêmes m'avaient offert.

Si l'intention d'un franc et complet maintien des conditions proposées par eux était à l'origine dans la pensée des ministres, elle n'y a pas fait un long séjour; car M. le receveur général, qui devait être éloigné du département jusqu'au mois d'octobre, y retournait avant la fin du mois d'avril, quelques semaines après l'acceptation de cet arrangement. En même temps, M. le ministre de l'intérieur, qui m'avait demandé de dicter la lettre que M. de Barante devait copier et signer, la modifia sans m'en prévenir et sans me communiquer les motifs de ces changements. Enfin la lettre offerte par M. le ministre de l'intérieur, qu'il devait lui-même m'écrire, ne m'a jamais été remise, bien que le ministre m'ait rappelé et renouvelé son offre plus de trente fois.

L'oubli de cette lettre offerte par le ministre, la modification de celle que j'avais dictée, pouvaient se tolérer. Il y avait dans ce manquement quelque chose qui devait me froisser et faisait un contraste avec les exhortations pressantes et amicales auxquelles j'avais cédé, avec les remercîments que j'avais reçus pour ma condescendance; mais qui connaissait cet oubli et cette modification d'une lettre que je n'avais pas intention de montrer? celle que j'ai reçue et que cette dernière issue m'autorise à publier (1) était bien suffisamment remplie d'aveux de torts et d'expressions de regret. Mais le retour à Clermont au bout de trois

(1) Voir aux pièces, n° 2, lettre de M. de Barante.

semaines de celui que l'on devait en tenir éloigné
six mois était une infraction publique et patente
qui ne se pouvait tolérer sans laisser reconnaître
que l'on avait joué la comédie et seulement cherché à m'entretenir dans l'illusion. Je me bornai
encore à renouveler mon offre de démission, et,
bien que des plaintes de ma part fussent devenues
légitimes, à proposer encore de me retirer dans les
mêmes termes où j'avais voulu le faire un mois
auparavant. M. le ministre de l'intérieur me pré-
vint qu'il faisait rappeler le receveur général qui
avait surpris une autorisation de retourner à Clermont, en alléguant une maladie grave de son gé-
rant, et m'engagea à ne pas tenir compte de cette
infraction, qui serait réparée par une plus stricte
exécution à l'avenir. Je déclarai que je n'en consentais pas moins à retourner, mais que je ne lais-
serais pas continuer ce jeu d'allées et de venues si
contraire à la dignité de l'administration ; qu'il
fallait savoir se décider une bonne fois pour toutes
entre le maintien de ce qui m'avait été offert et
ma retraite ; que si on m'obligeait à ce dernier
parti après mon retour à Clermont, je ne promet-
tais pas de supprimer mes plaintes et mes récriminations. Le ministre de l'intérieur me répondit que
je pouvais être sans inquiétude, que l'on retien-
drait scrupuleusement le receveur général à Paris
et que même il comptait, lui, s'occuper avec in-

térêt de son déplacement, Le ministre des finances, de qui je voulais recevoir également l'assurance du maintien de ce qui avait été réglé, me donna des paroles tout aussi positives que celles reçues par M. le ministre de l'intérieur.

C'est muni de telles assurances que je retournai à Clermont le 30 mai. Quelques semaines après mon arrivée, le 20 juin, j'écrivis sur ce sujet à M. le ministre de l'intérieur, et, tout en lui rappelant la nécessité du maintien de l'éloignement du receveur général, je lui déclarai que, s'il jugeait utile de rapprocher l'époque de son retour, il pourrait compter que je n'y ferais plus d'obstacle après la clôture de la session du conseil général. Je tenais surtout à me garantir de toute attaque, de toute tracasserie jusqu'à cette époque, et pouvoir me livrer exclusivement sans en être détourné à la préparation des travaux du conseil général.

Quel ne fut pas mon étonnement de recevoir, peu après l'envoi de cette lettre, qui n'obtint pas de réponse, une lettre de M. le ministre des finances en date du 29 juin (1), qui me faisait l'honneur de m'annoncer le retour du receveur général pour le 15 juillet, sans alléguer aucun motif de cette infraction à l'arrangement qui m'avait été offert? J'adressai immédiatement ma réclamation à

____

(1) Voir aux pièces, n° 3.

ce sujet au ministre des finances (1) et au ministre
de l'intérieur (2), garant de l'exécution de la décision que j'invoquais, les invitant à vouloir bien
pourvoir à mon remplacement et leur renouvelant
ma déclaration d'abandon de mes fonctions dans
l'éventualité du retour annoncé. En même temps
je chargeai d'appuyer cette réclamation, et mon
père, qui ne venait plus demander pour moi que
la faveur due au dernier des hommes, le respect
d'une offre, et M. le vicomte d'Haubersart, qui
s'était employé à me faire accepter cet arrangement.
Ce dernier était absent, il dut se borner à écrire
au ministre de l'intérieur (3).

Mon père demanda le motif de cette infraction
nouvelle, offrant, si on lui exposait quelque cause
sérieuse et urgente de ce retour, de chercher à me
le faire accepter. On n'en avait point à lui indi-
quer ; seulement on était fatigué et importuné des
quotidiennes sollicitations du receveur général, de
ses parents et amis, pour obtenir l'autorisation de
se rétablir à Clermont. On essaya bien d'alléguer
que le temps du retour était arrivé, que les six
mois d'éloignement avaient été subis, l'éloignement ayant commencé, non le jour où il avait été
décidé, mais celui où le receveur général était

(1) Voir aux pièces, n° 4.
(2) Voir aux pièces, n° 5.
(3) Voir aux pièces, n° 6.

venu se défendre à Paris. Cette justification, qui n'a pu être sérieusement donnée et que je rougis presque de discuter, n'est pas même exacte dans son jésuitisme, puisque le receveur général, parti de Clermont sans congé le 15 février, n'avait pas pu subir un éloignement de six mois le 15 juillet, alors surtout qu'il y avait fait un séjour dans l'intervalle.

Toute cette supputation de mois, de jours, a quelque chose de puéril et de pénible ; mais c'est une des fâcheuses conséquences de ce mesquin et déplorable arrangement que le conseil du roi a pris le soin d'inventer pour que les ministres eux-mêmes vinssent le traiter avec mépris et dérision, se moquant de la portée sérieuse qu'on veut donner à leur œuvre, à leur décision, ne concevant pas l'intérêt qu'un homme de cœur peut attacher à la sûreté des relations, à la fixité des conventions sans lesquelles il n'y a pas possibilité de régir les plus petites comme les plus grandes affaires. On s'étonne que je réclame avec constance l'exécution des conditions qui m'ont été offertes ; M. le ministre de l'intérieur, qui me les a proposées, qui s'en est déclaré le garant, qui m'a remercié de l'adhésion donnée par moi, se plaint de ce que je mette au ministère le marché à la main, de ce que je prétende dicter la loi, moi qui devrais me borner à recevoir des ordres. La loi, ce n'était pas moi qui l'avais faite, c'était vous : je la subissais, je ne l'imposais pas, et certes je la subissais avec répugnance ; je faisais un sacrifice dont ma clairvoyance me montrait dans l'avenir toute la portée ; je comprenais parfaitement que cette retraite à laquelle on me déclarait ne pas pouvoir absolument souscrire, lorsqu'à tant de reprises je l'ai proposée comme une conclusion moins fâcheuse que cette bizarre transaction, serait un jour très froidement envisagée, peut-être même acceptée avec empressement, comme laissant dans l'administration un vide qui donnait le moyen de récompenser un dévouement plus récent, mais aussi plus souple que le mien. Je sais que les incompatibilités d'humeur sont des causes déterminantes de séparation dans l'administration comme dans le ménage ; je sais que le ton peu convenable que l'on s'est plu à attribuer à ma réclamation (1) eût pu être pris ou allégué comme cause suffisante de révocation ; mais ma raideur, la vivacité de mes réclamations autorisaient-elles une dénégation à des offres positives, lorsque aucun motif valable ne pouvait être donné à l'appui de cett dérogation ? Aussi eût-il été plus séant de me révoquer, de pourvoir immédiatement à mon remplacement que de décider « que l'autorisation

(1) Voir aux pièces, n°s 3 et 4.

donnée au receveur général ne serait pas rappor-
tée, mais qu'il serait engagé confidentiellement à
ne pas retourner à son poste, et prévenu que si,
par suite de son retour, le préfet donnait sa démission, lui, receveur général, serait déplacé (1).

C'est ainsi qu'on a laissé aller comme à l'aven-
ture la conclusion d'une affaire qui avait longtemps
occupé les ministres et sur laquelle ils avaient
plusieurs fois délibéré.

Le lendemain d'un retour que ne pouvait prévenir cette *formidable* menace de déplacement, j'ai
dû sans hésiter donner ma démission (2). N'ayant
qu'une parole, qu'une manière d'envisager les choses, ne me croyant pas assez haut placé pour qu'il
me fût permis de montrer autant de condescendance le lendemain que j'avais d'exigence la veille,
j'ai dû faire ce que j'avais tant de fois annoncé. J'aurais encouru à bon droit le reproche d'avoir dé-
ployé une taquinerie bien mesquine et une forfan-
terie vraiment puérile, si mes déclarations fussent
demeurées purement comminatoires, et si, poussé à
bout par le manque de foi le plus patent et le moins
motivé, j'eusse continué des services que l'on avait
rendus sans dignité et partant sans utilité. Aussi,

_____

(1) Décision du conseil communiqué à M. Cariol, député,
et à mon père.

(2) Voir aux pièces, n°˙ 7 et 8.

loin d'être un coup de tête et la révolte trop
prompte d'une fierté blessée, ma détermination
n'a-t-elle été que la conséquence d'une position
nettement prise que je n'ai point dû quitter. Ma
fermeté, j'aime à le proclamer, n'a étonné aucun
de ceux de qui j'ai eu le bonheur d'être apprécié.
Les hommes honorables qui m'ont prodigué à mon
départ les témoignages de l'intérêt le plus bien-
veillant ne m'ont pas refusé celui d'une approba-
tion sans réserve, pour une résolution conséquente
avec toute ma façon d'être, avec mes antécédents.
Ils comprenaient que celui qui avait débuté dans
la carrière politique par s'exposer aux plus grands
dangers en protestant contre le parjure du roi de
France devait difficilement supporter le manque
de foi d'un ministre, fût-ce M. de Montalivet,
M. Thiers ou M. d'Argout.

Si j'ai su me résigner à une séparation devenue
inévitable, ce n'a pas été sans en envisager les du-
res conséquences. Ce n'était pas pour moi une
perspective médiocrement pénible que celle de ces
explications et de ces récriminations dans lesquelles
je suis ici obligé d'entrer. Destitué, j'aurais gardé
le silence; c'eût été aux ministres à répondre d'un
acte léger ou injuste; démissionnaire, j'ai le devoir
de justifier ma détermination, d'en bien constater
les précédents et les circonstances, de prévenir
d'une manière sûre toute interprétation défavorable;

et il m'est bien amer, après six années d'efforts sou-
tenus dans les deux postes où la confiance du roi
m'a successivement appelé, de quitter l'administration sous le poids de cette dure obligation, de
faire comme le procès aux ministres du roi, pour
les procédés bizarres et blessants par lesquels ils
m'ont évincé, de montrer combien il est dangereux
de se confier à leurs assurances les plus formelles et
les plus positives, de compter sur l'accomplissement des conditions offertes par eux-mêmes.

Cette publication de tous les faits que j'ai dû re-
later n'a-t-elle point son danger? n'est-elle pas faite
pour alarmer et désorienter en quelque sorte dans
le département du Puy-de-Dôme l'opinion des
hommes le plus sincèrement attachés au gouvernement? Pour être rassuré à cet égard, il m'a fallu
compter sur ce bon sens exquis, sur cette sûreté
de jugement que j'ai été plus que personne à même
d'apprécier. Quelle singulière direction politique,
ou plutôt quelle absence complète de direction
politique ne devront-ils pas cependant supposer
chez les ministres du roi, quand ils les auront vus
ménager et protéger avec tant de soin ceux qui
ne tiennent au gouvernement que par les gros bé-
néfices que leur place leur procure, qui répudient
même le titre de fonctionnaires publics, et écon-
duire dans l'intérêt de ces derniers ceux sur
lesquels a retombé tout le fardeau des affaires et

le péril dans les mauvais jours; quand ils les auront
vus se montrer si préoccupés de rétablir à tout prix
à Clermont un fonctionnaire qui ne s'y est distingué que par son alliance avec l'organe de l'opinion légitimiste et son refus de se séparer de lui?
Ces reproches que l'on prodiguait à l'ancien ministère, ces accusations d'avances à la droite ne vont-
ils pas être rétorqués au centuple contre le nouveau, qui s'arrange pour donner satisfaction complète dans le Puy-de-Dôme aux vœux les plus ar-
dents du parti ennemi du gouvernement? Ce serait
donc à ce parti qu'il faudrait y abandonner désor-
mais le haut du pavé, si la grande masse des hommes amis du gouvernement venait à se persuader
que les ministres ont agi d'après un système qu'ils
vont appliquer avec suite et conséquence. Cet abandon coûterait trop aux hommes éclairés, animés
d'un sage et vigilant patriotisme, dont la constance
dans ce département a été mise à de plus rudes
épreuves; ils comprendront que si l'on procure
chez eux un triomphe momentané aux ennemis
du gouvernement, c'est par suite de ce laisser-aller,
de cette indifférence pour les débats des partis en
province, que les ministres aiment à proclamer,
comme venant à l'appui du système de fusion et de
conciliation. Veulent-ils, les ministres, sérieusement juger des progrès de ce système? ils n'ont
qu'à examiner si l'audace de l'attaque, l'âpreté de

l'injure en a été diminuée ; si la *Gazette d'Auvergne*
s'est montrée sensible à ce rétablissement du ré-
ceveur général son allié, dont elle avait loué les
opinions (1), pour lequel elle avait chaleureuse-
ment pris fait et cause ; si pour tout remerciment
elle n'a pas mêlé à sa violente polémique contre le
gouvernement de blessantes imputations contre
les ministres eux-mêmes (2). Aussi ce laisser-aller,
cette indifférence ne sauraient-ils être érigés en
système durable ; et quand bien même les ministres y persisteraient, il en serait fait justice par la
saine majorité de l'opinion publique, amie de la
paix et du calme, mais qui tient aussi à reconnaître
dans la direction des affaires la dignité et l'équité.

(1) Voir aux pièces, n° 1.
(2) Voir aux pièces, n° 9.

B. DEJEAN.

Paris, le 15 août 1836.

PIÈCES JUSTIFICATIVES.

———••◦••———

N° I.

Extrait de la Gazette d'Auvergne, *n° du 3o janvier.*

De par M. Dejean, au seul juste milieu
Il appartient de danser en ce lieu.

On s'entretient beaucoup, depuis quelques jours, dans notre ville, d'un *événement* (le mot n'est pas trop fort) que nous eussions laissé passer inaperçu, s'il ne devait servir à compléter l'appréciation que ce département a pu faire déjà du jeune homme qu'on lui a donné pour premier administrateur. Il n'entre pas dans nos habitudes de nous occuper de MM. les fonctionnaires publics dans ce qui ne tient pas à l'exercice de leur autorité; mais il s'agit ici d'un cas exceptionnel où, bien que cette autorité ne se trouvât nullement dans le domaine de ses attributions, elle s'est laissée aller à une manière de faire si inconsidérée, si inconvenante, si inouïe, on peut le dire, que la presse a le devoir de la signaler et de la stigmatiser. Il y a des abus d'autorité de plus d'un genre; celui que nous allons raconter n'en est pas le moins odieux, et il en est, à coup sûr, le plus ridicule.

Un des premiers fonctionnaires du département, homme à qui on rend généralement justice pour la sagesse et la modération de ses opinions, avait, à ce qu'il paraît, conçu l'honorable pensée de faire disparaître dans notre ville les répugnances réciproques qu'éprouvent à se rencontrer dans les mêmes salons des gens enrôlés sous des bannières politiques diverses. Véritablement, il nous est avis que, *lorsque ces répugnances ne s'adressent pas personnellement à l'Amphytrion*, il n'est pas de terrain qui doive paraître plus neutre que celui d'un bal ou d'un raout. Il entre nécessairement dans le caractère de l'urbanité française que parmi gens qui s'estiment mutuellement les dissidences politiques ne préjudicient en rien à l'aménité des rapports sociaux; on peut goûter ensemble les plaisirs de la bonne compagnie sans cesser d'être ce qu'on est, politiquement parlant. Nulle part le goût des réunions n'est plus vif qu'en France, et, certes, rien de plus innocent que de se laisser aller à ce goût, lorsqu'on peut le faire *sans se manquer à soi-même et sans manquer à ses amis.*

Quelle que fût donc l'opinion que l'on se formât sur la réussite du projet du fonctionnaire dont il s'agit, toujours est-il que personne ne pouvait trouver à redire à l'intention obligeante pour tous qu'il annonçait; on n'eût pas pu penser surtout que l'agent d'un gouvernement qui veut, à ce qu'il dit, *rapprocher et concilier*, dût voir dans un projet qui semblait entrer dans le plan de ses maîtres matière à tracasseries, et une occasion de faire sentir d'une manière aussi sotte que brutale sa main-mise administrative. Il fallait être M. Dejean pour prendre ainsi les choses, et de sa part, en effet, ceci ne surprend plus; on sait que la ville de Carcassonne, qui a été le premier théâtre de ses exploits dans ce genre, nous l'envoya, au bruit des charivaris, pour avoir essayé de semer dans les sociétés qui lui faisaient l'honneur de le recevoir la mésintelligence et les brouilleries.

On raconte donc que M. Dejean, pour qui les bals furent toujours la grande affaire, piqué de voir dans les salons du fonctionnaire en question des invités qui n'ont jamais voulu mettre les pieds dans les siens, aurait témoigné aux maîtres de la maison tout son mécontentement de se trouver en pareille compagnie, et que même il aurait, avec toute l'impolitesse d'une petite vanité blessée, exigé pour l'avenir certaines exclusions. Est-il besoin de dire que les exclusions portaient sur des hommes d'opposition, et que c'était de l'opposition légitimiste qu'il s'agissait? Tant il est vrai, comme le dit le *Constitutionnel*, que le pouvoir et ses agents se consument en galanteries aux légitimistes! M. Dejean le prouve bien.

La prétention de M. Dejean fut, dit-on, accueillie comme elle le méritait; qui eût pu courber la tête devant tant d'insolence et de ridicule? On lui refusa donc net ce qu'il demandait; mais pour couper court à ses taquineries et ôter tout prétexte à son mauvais vouloir, on ferma tout-à-fait les salons où il entendait régner en despote; c'était le punir tout le premier. Le petit satrape avait affaire, à ce qu'il paraît, à des gens d'esprit. Le seul fruit que M. Dejean ait retiré de cette sotte guerre a donc été de priver gratuitement et par méchanceté pure la société de cette ville de réunions brillantes qui laissaient bien loin derrière elles, en fait d'éclat et de bon goût, celles de l'hôtel de la préfecture. M. Dejean a envié au beau monde clermontois la consolation de venir se distraire un moment des préoccupations politiques dans une maison honorable, où chacun était accueilli avec urbanité et grâce, sans acception d'opinions. Nous doutons fort qu'on sache gré à Paris à M. Dejean de cette impolitique et sauvage incartade. Ne serait-il pas temps enfin que ce moutard de la doctrine reçût de ses maîtres une petite leçon pour toutes ses écoles?

N° II.

Lettre de M. de Barante, receveur général, transmise au préfet du Puy-de-Dôme le 28 avril par M. de Wailly, secrétaire particulier du ministre de l'intérieur.

Paris, le 24 avril 1835.

Monsieur le Préfet, vous m'avez fait inviter à répondre à un article dirigé contre vous par la *Gazette d'Auvergne* (no du 31 janvier.), article relatif aux différents survenus précédemment entre nous. Vous pensiez qu'ayant reconnu avoir quelque tort dans l'origine de ces différents, je devais me croire obligé d'en réprimer les conséquences aussi fâcheuses pour vous que pour l'administration. Mon refus n'a eu d'autre cause que ma conviction sincère du danger et des inconvénients graves de toute polémique entre les fonctionnaires et les journaux.

Je regrette vivement que ce fait ait amené des attaques dont vous avez eu droit de vous plaindre. Il a toujours été loin de ma pensée de méconnaître les égards que je devais au premier magistrat du département. Mais vous reconnaîtrez aussi comme le gouvernement l'a déjà reconnu, qu'il y aurait injustice à tirer de quelques apparences cette conclusion que je n'ai pas assez d'affection ou de reconnaissance pour le gouvernement du roi et que mes sympathies politiques appartiennent aux doctrines de la *Gazette d'Auvergne* et aux hommes qui la dirigent.

Ce n'est pas d'aujourd'hui ni du jour où j'ai accepté des fonctions publiques que date mon attachement à la révolution de juillet ; mes sentiments ont éclaté dès l'origine et si quelque imprudence a pu donner lieu d'en douter, je mettrai tous mes soins à dissiper ces doutes et à prouver au gouvernement du roi mon dévouement et mon affection, comme à vous, Monsieur le Préfet, mon désir bien sincère de seconder votre administration par un concours qui ne se démentira pas.

Agréez, Monsieur le Préfet, l'assurance de ma considération très distinguée.

A. DE BARANTE.

N° III.

Lettre de M. le ministre des finances au préfet du Puy-de-Dôme.

Paris, le 29 juin 1836.

Monsieur le Préfet, le retour de M. de Barante à Clermont me paraît maintenant sans inconvénient, et j'en verrai beaucoup au contraire pour le service à le tenir éloigné de sa recette au-delà du 15 juillet prochain. J'ai décidé en conséquence qu'il aurait à faire les dispositions nécessaires pour quitter la capitale à cette époque et j'ai l'honneur de vous en informer.

Recevez, Monsieur le Préfet, l'assurance de ma considération très distinguée.

Le Pair de France, Ministre Secrétaire d'Etat des Finances,

C. D'ARGOUT.

N° IV.

Lettre du préfet du Puy-de-Dôme à M. le ministre des finances.

Clermont-Ferrand, le 1er juillet 1836.

Monsieur le Ministre,

Avant de revenir à Clermont, j'ai eu l'honneur de me présenter auprès de vous pour vous demander si je pouvais compter sur le maintien des assurances qui m'avaient été données par vous, par le Président du conseil et le Ministre de l'Intérieur, quant à l'éloignement du receveur général pendant six mois ; je vous rappelai que ce n'était pas moi qui avait proposé et sollicité cet éloignement, qu'il m'avait au contraire été offert comme satisfaction pour les torts graves que le receveur général avait eus envers l'administration, torts qui me paraissaient devoir motiver son déplacement. Je vous priai de faire attention qu'une première fois l'on avait laissé M. de Barante enfreindre ce qui avait été réglé et que je ne pouvais retourner à mon poste avec sécurité si je n'avais la certitude d'un maintien plus scrupuleux à l'avenir. Vous voulûtes bien me donner votre parole la plus formelle que je pouvais être complétement rassuré à cet égard et que le receveur général ne reviendrait dans le département que lorsque vous auriez su par moi son retour sans inconvénient.

En recevant la lettre que vous m'avez fait l'honneur de m'écrire le 29 juin, il m'a été permis, Monsieur le Ministre, de m'étonner que vous jugeassiez sans inconvénient le retour de M. de Barante. Depuis mon arrivée ici je croyais inutile de récriminer de nouveau contre le receveur général et de vous instruire que, pendant le séjour qu'il a fait à Clermont au mois de mai dernier, il y avait pris une position plus fâcheuse encore que par le passé et y avait préparé plus de difficultés encore à l'administration. Je m'étais borné à prévenir Monsieur le Ministre de l'Intérieur et à lui déclarer que, quel que fût mon désir d'abréger l'éloignement de M. de Barante, je regardais ce retour comme très inopportun avant la fin de la session du conseil général et réclamais plus fortement que jamais le maintien de ce que vous aviez établi de concert avec lui.

Si cette première décision, qui a eu toute la publicité possible, venait à être une seconde fois méconnue ; si M. de Barante, pour avoir abusé de la première autorisation de séjourner à Clermont au mois de mai, obtenait si promptement une nouvelle autorisation de s'y rétablir définitivement, je me verrais obligé de prier Monsieur le Ministre de l'Intérieur de pourvoir à mon remplacement et j'aurais le regret en me retirant d'être en droit de me plaindre du peu de cas que l'on a fait des assurances si positives et des paroles si formelles que j'ai reçues des ministres du roi.

Je suis avec respect, Monsieur le Ministre, votre très humble et très obéissant serviteur.

Le Préfet du Puy-de-Dôme.

B. Dejean.

N° V.

Lettre du préfet du Puy-de-Dôme à M. le ministre de l'intérieur.

Clermont-Ferrand, le 1er juillet 1836.

M. le Ministre des Finances m'a fait l'honneur de m'annoncer le 29 juin qu'il a décidé que M. de Barante, receveur général, retournerait à Clermont le 15 juillet. J'ai l'honneur de vous communiquer la réponse que j'ai cru devoir faire à cette annonce.

Comme c'est vous, Monsieur le Ministre, qui avez bien voulu me faire connaître la décision que j'invoque, qui avez bien voulu m'assurer que mon adhésion à l'arrangement qui m'était offert vous serait particulièrement agréable et me déclarer que vous étiez chargé de son exécution, je ne doute pas que vous ne veuilliez bien prendre le soin dé faire revenir Monsieur le Ministre des Finances sur la nouvelle décision qu'il m'annonce, décision contraire à la première et à toutes les assurances si formellement données

(39)

par lui comme par vous. La lettre que j'ai eu l'honneur de
vous écrire depuis mon retour vous a exposé tous les motifs
qui rendent nécessaire le maintien de M. de Barante à
Paris jusqu'à la clôture de la session du conseil général.

S'il ne vous était pas possible, Monsieur le Ministre, de
faire respecter par M. le Ministre votre collègue ce que
vous aviez bien voulu me proposer en son nom, je vous serais obligé de vouloir bien recevoir ma démission et pourvoir à mon remplacement, bien décidé que je suis à cesser
tout exercice de mes fonctions le lendemain du retour du
receveur général, si ce retour a lieu avant la fin de la session du conseil général.

Si telle est l'issue de tout ce débat, vous regretterez,
Monsieur le Ministre, j'en suis convaincu, que l'on ne m'ait
par laissé me retirer dès l'origine, comme j'en exprimais
l'intention ; alors je n'aurais eu le droit de me plaindre
d'aucun manque de parole, droit dont je serai malgré moi
obligé de faire usage pour expliquer le prolongement d'un
débat si fâcheux, si contraire à la dignité comme à la force
de l'administration. J'étais bien inspiré de vouloir y couper
court en temps opportun.

Je suis avec respect, Monsieur le Ministre, votre très
humble et très obéissant serviteur.

Le Préfet du Puy-de-Dôme.

B. DEJEAN.

Nº VI.

*Lettre de M. le vicomte d'Haubersart, député, à M. le comte
de Montalivet, pair de France, ministre de l'intérieur.*

Cambray, le 5 juillet 1836.

Monsieur le Comte, vous voudrez bien me rendre cette
justice que, malgré ma vive amitié pour M. le vicomte
Dejean, préfet du Puy-de-Dôme, jamais je ne vous ai en-
tretenu des difficultés survenues entre le receveur général
de ce département et lui. Éloigné de Paris en ce moment,
si je prends la liberté de vous en écrire, c'est que je m'y
vois forcé par la position que vous-même m'avez faite
dans cette affaire.

Vous m'avez, à une séance de la chambre des députés,
en présence de mon collègue M. Molin, exprimé le désir
que j'intervinsse entre le receveur général et le préfet.
Vous m'avez expressément chargé d'annoncer à M. Dejean
que le conseil du roi avait pris une décision de l'exécution
de laquelle vous demeuriez chargé ; que d'après cette décision le receveur général ne serait pas chargé de rési-
dence, malgré la demande du préfet, qu'il écrirait au préfet une lettre que le préfet lui-même dicterait, qu'il serait
six mois absent de Clermont, et que même après six mois
il ne serait autorisé à y revenir qu'autant que le préfet n'y
verrait pas d'inconvénient. Vous m'avez fait remarquer
tout ce que ces conditions imposées par le conseil du roi
avaient de dur pour le receveur général, que c'était une

satisfaction d'autant plus grande donnée au préfet que le receveur général était le frère de l'ambassadeur du roi à Saint-Pétersbourg. Vous m'avez demandé d'user de l'influence que je pouvais avoir sur M. Dejean pour le déterminer à accepter ces conditio-s : je l'ai fait avec empressement, parce que j'avais à cœur, dans cette occasion, de vous être agréable et en même temps parce que j'ai toujours pensé qu'il n'y aurait que des inconvénients pour le gouvernement à ce que les choses fussent poussées à l'extrême. M. Dejean a accepté ces conditions ; vous avez paru penser que je n'avais pas été étranger à sa détermination et vous avez daigné m'en remercier.

Je devais croire, j'avais cru jusqu'à présent que ce qui avait été promis à M. Dejean pour qu'il consentît à rester préfet avec le receveur général au moment même où il croyait devoir déclarer qu'i se considérait comme démissionnaire si le gouvernement ne faisai pas droit à sa demande de déplacement du receveur général, j'avais cru, dis je, que ce qui avait été promis dans ces circonstances, que ce qu'un ministre du roi avait chargé un député de faire accepter par M. Dejean serait rigoureusement accompli. C'est donc avec un vif étonnement que j'apprends aujourd'hui qu'en vertu d'une autorisation de M. le ministre des finances le receveur général retourne à Clermont le 15 de ce mois, et ce nonobstant l'opposition du préfet, qui vous aurait déclaré qu'il voit de graves inconvénients à ce que ce fonctionnaire y retourne avant la clôture de la session du conseil général, et que M. Dejean se serait vu dans la nécessité de vous prévenir que, si cette autorisation n'était pas révoquée, il vous prierait de vouloir bien mettre sa démission sous les yeux du roi.

Il ne m'appartient pas d'être juge entre M. Dejean et le

receveur général, je veux rester étranger à nne affaire qui
ne me regarde en aucune façon. Mais il m'appartient,
quand vous m'avez fait l'honneur de me choisir pour in-
termédiaire, pour porteur de vos paroles, de faire appel à
votre loyauté. Ce que vous m'avez prié d'annoncer à M. Dejean comme une décision du conseil du roi que vous étiez
chargé d'exécuter est-il conforme aux ordres donnés par
le Ministre des finances? Daignez remarquer quelle serait
ma situation vis-à-vis M. le vicomte Dejean, s'il arrivait le
contraire de ce que vous m'aviez chargé de lui annoncer,
de ce que vous m'aviez prié de lui faire accepter. Certes
j'aurais alors à regretter vivement d'avoir cherché à vous
obliger personnellement, puisque mon intervention n'aurait servi qu'à entretenir M. Dejean dans l'illusion.

Je vous soumets avec confiance ces réflexions. Monsieur
le comte, j'espère qu'il ne vous échappera pas que je me
refuse à traiter le fonds de l'affaire. Je me borne à vous
rappeler des faits qui paraissent oubliés par M. le Ministre
des finances et qu'il m'est permis, que j'ai même le devoir
de rappeler, puisque vous-même m'y avez mêlé.

Agréez, Monsieur le Comte, l'expression de mes senti-
mens de haute considération et d'attachement.

A. D'HAUBERSART.

N° VII.

*Lettre du préfet du Puy-de-Dôme à M. le ministre des
finances.*

Clermont-Ferrand, le 19 juillet 1836.

Monsieur le Ministre, vous n'avez pas daigné répondre à
la lettre que j'ai eu l'honneur de vous écrire le premier

juillet pour vous rappeler les assurances formelles que vous m'aviez plusieurs fois reitérées quant à l'éloignement du receveur général.

Je conçois votre silence, Monsieur le Ministre; un oubli aussi complet de ce qui m'avait été offert par vous, par M. le Président du conseil et le Ministre de l'Intérieur pour me déterminer à conserver mes fonctions ne se pouvait que bien difficilement motiver.

L'autorisation donnée par vous au receveur général de se rétablir à Clermont n'ayant pas été revoquée et son retour ayant eu lieu effectivement hier 18 juillet, j'ai l'honneur de vous prévenir que, me référant à ma lettre du 1er juillet, j'ai prié Monsieur le Ministre de l'Intérieur de pourvoir à mon remplacement et cessé dès aujourd'hui d'exercer mes fonctions.

Je suis avec respect, Monsieur le Ministre, votre très humble et très obéissant serviteur.

B. Dejean.

N° VIII.

Lettre au ministre de l'intérieur.

Clermont-Ferrand, le 19 juillet 1836.

Monsieur le Ministre, vous n'avez pas daigné répondre à la lettre que j'ai eu l'honneur de vous écrire le 1er juillet pour vous exciter à faire respecter un arrangement offert par vous-même au nom du conseil du roi, arrangement de l'exécution duquel vous m'aviez assuré demeurer chargé.

Je pourrais me croire obligé de vous rappeler tous les faits relatifs à cet arrangement que vous paraissez avoir perdu de vue, si je n'étais pas informé que M. le vicomte d'Haubersart a pris le soin d'insister auprès de vous sur toutes les circonstances dans lesquelles vous l'aviez fait intervenir pour obtenir mon consentement.

Je me flatte, Monsieur le Ministre, d'avoir scrupuleusement respecté la promesse que j'eus l'honneur de vous faire alors, bien qu'il m'en coûtat beaucoup, de conserver mes fonctions en même temps que M. de Barante demeurait receveur général. De leur côté, les ministres du roi se sont-ils souciés de maintenir ce qu'eux-mêmes m'avaient offert pour me déterminer à conserver les fonctions dont je déclarais vouloir me démettre ? Malgré mon appel à votre loyauté, à celle du Président du conseil et du Ministre des Finances, dont j'avais également reçu les assurances les plus positives, le receveur général est autorisé à retourner à Clermont et il s'y rétablit en effet aujourd'hui avant l'époque fixée par moi, qui, désireux d'abréger le temps déterminé d'abord par vous pour son éloignement, avais déclaré que je ne ferais plus aucune opposition à son retour après la clôture de la session du conseil général.

Aussi, Monsieur le Ministre, me référant à ma lettre du 1er juillet dernier, j'ai l'honneur de vous prévenir que je cesse dès aujourd'hui d'exercer mes fonctions. Si l'administration du département peut souffrir de cette brusque retraite, ce n'est pas à moi, Monsieur le Ministre, que l'on devra l'imputer ; je vous avais suffisamment prévenu de mes intentions et vous ne pouviez pas regarder comme vaine une déclaration qu'autorisaient tous les précedents que j'avais soin de rappeler.

Je suis avec respect, Monsieur le Ministre, votre très humble et très obéissant serviteur.

B. DEJEAN.

N° IX.

Extrait de la Gazette d'Auvergne, *n° du 2 juillet* 1836.

L'*Ami de la Charte* croit devoir rappeler la modération dont le pouvoir a usé par le passé et lui faire honneur en même temps d'une modération intentionelle pour l'avenir, laquelle devait se manifester à l'anniversaire de juillet. Les ennemis politiques du gouvernement du 7 août savent à quoi s'en tenir sur ces actes comme sur ces projets de clémence ; les prisons, les bagnes , les échafauds de la Vendée, les lois draconiennes de septembre les édifient suffisamment à cet égard, en ce qui concerne l'avenir comme en ce qui concerne le passé. L'*Ami de la Charte* prend en vérité bien son temps pour nous donner des regrets sur ces beaux projets de miséricorde et d'amnistie que l'attentat du 25 juin va sans doute faire manquer. La défaite n'est pas adroite et le pays croira à la clémence de M. Thiers comme il croit à sa probité.

Autre extrait du n° du 30 juillet,

ANNIVERSAIRE DES GLORIEUSES.

Nous voici au sixième anniversaire de juillet. Que ce jour soit fêté par les comédiens de quinze ans, par les intrigants cupides et ambitieux qui ont exploité dans le triomphe de la révolte une catastrophe dont les conséquences funestes ont été prédites par tous les hommes de sens, d'accord. Mais que ce jour soit fêté par la France, que la France célèbre un tel jour, c'est impossible... Non, la vraie France, la France indépendante ne peut, au retour des 3 journées de juillet, sympathiser aux démonstrations de joie qu'affectent ces quelques hommes qui ont escamoté à leur profit les résultats de l'insurrection ; elle ne peut savourer franchement des réjouissances prétendues patriotiques dont le programme est, avec bénéfice de pot de vin sans doute, ordonné, rédigé et signé par MM. Montalivet et consors.

TABLE.